Reigen

Katharina Killait
Erweiterte Ausgabe 2013
Herstellung und Verlag: Books on Demand GmbH,
Norderstedt

ISBN 9783732290345

Für meine Familie

Übersicht

Brüssel:
Grande Place
Parc Léopold
Parc de Bruxelles
Place du Luxembourg
Bunte Gemeinsamkeit
Place Jeu de Balle
Rue de Pascale
Place Jourdan
Midi
Soit Belge
Petit Sablon
Fahrradkatze
Café Arenberg
Wandbilder
Ein Land, das man liebt

Frühling

I

Schnee schmilzt langsam, Erde liegt wieder frei,
Schritt für Schritt - die Winterstarre vorbei.
Blicke finden plötzlich ein zaghaftes Blühen,
erste Spitzen, die mit Erfolg sich bemühen
brechen vereinzelt aus tauender Erde hervor.
Krokusblüten und Blätter: Ein zaghafter Chor
an ersten Stimmen, Farben, Formen und Tönen.
Und meine Freude wächst angesichts all dieses Schönen.

II

Die Luft ist blau und wir spüren
in uns, dass der Frühling begann.
Die Blätter beginnen zu sprießen,
das Singen der   Vögel hebt an.
Wir hoffen und suchen Zeichen
und fragen voll Ungeduld wann
uns Wärme umfängt, und wir bangen
dass Frost dies zerstören kann.

Sommer

I

Gedanken an Palmen und Sonne,
türkisblaues Wasser, Sand, Licht
und Wärme auf meinem Gesicht.
Glanz reflektiert auf den Wellen,
in Gärten: Summen und Duft.
Leichtigkeit, Freiheit, ein Sehnen
nach Blumen, Meer, Sommer, wohin
ich in zahllosen Träumen
voll Hoffen gelaufen bin.

II
Frei wie ein Vogel
die Schwingen breiten,
in Wärme gleiten,
im Sommerwind wiegen,
träumend liegen.

Herbst

I
Vergehen und herbstliche Zeit:
Braun-rot-golden die Blätter.
Es raschelt auf unseren Wegen.
Nebel steigen herauf.
Im Dunst geht die Sonne auf.
Reif. Felder und Erntesegen.
Stürmischer Wind. Kalter Regen.
Nicht verlorene Sommerzeit,
nicht Winterbote: Der Herbst
trägt sein eigenes leuchtendes Kleid.

II
Kastanien blühen im Frühling,
die Früchte fallen im Herbst.
Die Kinder suchen sie fröhlich um
mit ihnen zu basteln, zu spielen.
Und wenn die letzten dann fielen,
stehen die Bäume blattlos und stumm.

Stachlig die äußere Hülle,
glänzend die braune Frucht.
Fasziniert wie einst fing ich an
sie zu suchen, zusammenzutragen
in den klaren, herbstlichen Tagen,
in denen ich mich auf die Freude besann.

Winter

I

Schwarzgraue Wolken verheißen
Schneeregen. Stürmischer Wind
treibt letzte Blätter. Und frierend
Erkennt man: Der Winter beginnt.

Schneeflocken fallen nun stetig.
Die Dächer leuchten verschneit.
Dann stehen Bäume und Sträucher
und Häuser im Winterkleid.

Tannen und Berggipfel leuchten.
Kälte. Lichter, und dann
scheinen Kerzen im Dunkeln.
Ein Wintermärchen hebt an.

II

Du willst Schlitten fahren.
Deine kleinen Hände
wollen einen Schneemann bauen.
Du liebst die weiße Weite,
das Spielen im Schnee.
Die Sonne scheint und du sagst:
"Ich mag den Winter."

Weihnachten

I

Erwartung, festliches Zimmer,
die Zeit der Erfüllung ist nah.
Was in der Kinderzeit war
fühlen wir heute noch immer.

Tannenduft. Kerzen brennen,
verbreiten festlichen Schein,
Musik, Schweigen, einfach nur Sein.
Gedanken, nicht zu benennen.

II

Ein Tag reiht sich stetig an den andern,
gleitet fort vom heute. Auf den Wegen
geht ein jeder seinen eingefahr`nen Schritt.
Manchmal gehen Wünsche schweigend mit.
Und dann tritt ein Tag daraus hervor.
In dem Treiben, Hasten, Eilen, Wandern
scheinen Lichter, Kerzen und ein Stern.
Leuchtend ist er nah und dennoch fern.
Immer wieder blicken wir zu ihm empor.
Und wir gehen ihm vielleicht entgegen.

Morgen

Meine Gedanken tanzen davon,
federleicht steigen sie hoch hinauf,
streifen Blüten und sinken auf
das Gras hinab, auf den See.

Tau bedeckt kehren sie wieder,
Schwere löst sich im Morgenlicht.
Ein neuer Anfang, ein neuer Tag,
Ruhe senkt sich hernieder.

Nebel

Steigen - fallen,
Formen wallen,
fließen, schweben
Geister weben
grau in grau.
Gefangen.

Nicht vergessen,
Nicht geblieben,
nicht gehalten,
nicht vertrieben,
grau in grau
gefangen.

Romantik

Tiefe Seen, Wälder, Ferne,
wie in Nebel eingehüllt.
Träume, Wandern, blaue Blume.
Suche, die sich nicht erfüllt.

Feenzauber, Mondschein, Sterne
der Romantik locken. Hier
an dem Bachrand und an Feldern
in der Sonne finden wir

Blumen, leicht vergänglich, leuchten.
Blau im Korn, weiß, rot. Es neigen
Margeriten, Mohn und Klee
sich in buntem Reigen.

Reigen

Laufen gegen den Wind.
Wenn die Schatten sich neigen
suchen wir ein zu Haus:
Goldener Abendreigen.

Träume

Losgelöst schweben,
nicht in der Zeit,
Gedanken verweben
Ewigkeit.

Geschenkte Träume,
empor und hinab,
Lichtschein und Klänge,
die Stunde gab

Magie, Lächeln, Weite,
Farben und Sein.
Ein Regenbogen -
ich fliege hinein.

Steine

Steine runden sich im Wasser,
rollen von Bergen, liegen am Strand.
Bringen Glück.
Grün-blau der Türkis,
tiefblau der Saphir,
wie Himmel und Wasser der Aquamarin.

Seltsam geformte, glänzende Steine
ziehen uns stetig und magisch an.
Bringen Freude.
Rot der Rubin,
bunt funkelnd Opale,
hell leuchtend der Mondstein.

Kinder

Sie spielen und rufen, rennen und springen,
lachen und toben, wirbelnd wie Wind.
Sie streiten, schreien und diskutieren,
sind traurig, verletzlich - sie sind, wie sie sind.

Sie leben ihr Leben, ohne zu fragen,
sind hier und jetzt. Doch ein Wandel beginnt:
erst langsam, dann schneller. Ernst werden Tage.
Ich liebe ihr Lachen: Ein Kind, ja Kind.

Reisen

Vier Jahreszeiten lächeln in mir.
Zwischen den Wolken lacht dort und hier
Tiefes, leuchtendes Blau.
Ich werde auf Reisen gehen.
Schneeschmelze, Wasser rauscht in das Tal.
Frühlingsboten in bunter Zahl.
Ich werde die Ferne sehen:
Sonne, Strände und Regengrau,
Herbstlaub, Flocken, die wehen.
Vier Jahreszeiten lächeln in mir,
Noch bin ich zu Hause, noch bin ich hier,
doch ich werde auf Reisen gehen.

Freundschaft

I

Wir wollten heitere Stunden erleben
mit französischen Liedern, vertraut und bekannt.
In den Weisen, die dann erklangen,
wurde der Tod durch die Liebe gebannt.

Wir wollten uns an Chansons erfreuen,
die wir kennen und schätzen, doch es begann
die Reise zurück in uns selbst, ein Erinnern,
und der Klang des Verlorenen schlug uns in Bann.

Wir wollten Träume entstehen lassen
vom Süden, von Sonne, Freundschaft und Glück.
Am Ende führten die Melodien
uns hoffnungsfroh im Gedenken zurück.

II

Schau mit mir wie die Blätter treiben,
steigen, sich senken und liegen bleiben.
Lass uns dem Herbst ein Lächeln schenken
und bunte Gedanken gemeinsam denken,
in die sich lichtende Baumkrone schauen,
den Winter ahnen, doch stets im Vertrauen
auf Freundschaft die helle Zukunft bauen.

III
Wenig gemeinsame Zeit. Wir kannten uns kaum,
doch bauten wir hoffend an einem Zukunftstraum.
Nachts am Kamin: Plötzlich war etwas vorhanden:
Wir hatten Gedanken, die uns beide verbanden.

Uns trennte viel. Doch eines trennte uns nicht:
Der Wunsch, die Zukunft zu packen. Das Licht
wurde schwach, Feuer versank, während Worte sich
fanden,
über Raum und Zeit unsre Visionen entstanden.

IV
Ich weiß nur sehr wenig von Dir:
Nicht wie die Jahre vergingen,
nicht, was die Tage jetzt bringen,
nicht, wie die Stunden vergehen,
nichts von Deinem Geschehen.
Du bist weit fort, ich bin hier.
Und doch, auch wenn es so ist,
weiß ich doch eines: Du bist.

Du und ich

I
Ich wünsche mir eine Hand,
die mich hält.
Ich wünsche mir eine Hand,
die sanft
über mein Haar streicht.
Ich wünsche mir eine Hand,
die sich nicht zum Adieu streckt.
Ich wünsche mir Deine Hand.

II
Ein Mann, ein Wort.
Eine Frau, viele Worte.
Adieu. Willst Du gehen?
Ein Mann, eine Frau.
Adieu. Und warum?
Tränen und Worte.
Am Ende sind beide,
eine Frau und ein Mann,
ein Mann, eine Frau,
einfach nur stumm.

III
Herz hinter Mauern,
Du hinter Glas und Stein,
so soll es sein nach Deinem Willen.
Ich aber werde wieder im Stillen,
im Wind und in der Sonne sein.

IV
Eine kalte Hand, die nach dem Herzen greift,
eine warme Hand, die mich nun nicht mehr streift.
Eine Phalanx, die zu Ende geht,
eine Liebe, die nicht mehr besteht,
eine Träne, die vielleicht nicht rinnt,
die Verzweiflung, die danach beginnt,
alles, was das Herz für immer bricht,
alles das, das warst Du für mich nicht.

V
Warst Du mein Leben? Warst Du mein Sein?
Oft war ich mit Dir Seit` an Seite allein.
Wer war ich für Dich? Hast Du mich gesehen?
Hast Du stets geführt oder konnte ich gehen?
Du warst mein Ich,
doch ich kann nicht verstehen,
was Du denkst. Und die Winde verwehen
die Spuren meiner Schritte, die gehen.

VI
Du siehst die Blätter schon fallen,
bevor sich die Blüten entfalten.
Wie kannst Du die Welt bunt gestalten?

Und doch verstehst Du die Wunder um Dich.
Und planst die Zukunft für Dich und für mich,
ohne einmal inne zu halten.

Zeit

I

Trägt dich die Zeit oder trägst du die Zeit?
Sind deine Schultern gebeugt? Tragen dich Schwingen?
Denkst du ans Ende, wo immer ein Anfang ist?
An Gestern, Heute und Morgen? An Zeit in den Dingen?
Der Zeiger läuft. Vieles soll noch geschehen.
Die Zeit ist endlich, doch die Stunden vergehen.

II

Vergangenes steigt herauf. Die Chimären
wecken Hoffnung nochmals zu gewähren
was einmalig blieb, noch einmal zu sehen
was lieb und teuer war, das Geschehen
vergangener Tage aus dem Vergehen
zu holen in ein erneutes Entstehen.

III

Ich dachte, es ginge,
ich dachte, es wäre,
ich dachte, es würde,
ich dachte, es sei.
Den Aufbruch zu wagen,
vom Winde getragen,
kaum erst begonnen
schon wieder vorbei.

IV

In der Sonne zu liegen, in Wolken zu sehen,
gegen Meerwind zu laufen, über Dünen zu gehen,
gegen Ströme zu schwimmen, sich treiben lassen,
sich mit Zeitungen, Büchern, der Welt zu befassen,
lärmende Städte, schweigende Wälder,
Berge und Täler, wogende Felder,
in Kneipen mit Freunden ein Bier genießen,
allein sein, seine Türe verschließen,
das Heute leben, das Morgen gestalten:
Alles, eh Abendnebel sich senken -
ich habe keine Zeit zu verschenken.

V

An unsichtbarer Schnur
gleiten die Tage vorbei -
schattengleich, einerlei,
in einem bleiernem Guss
zerronnen,
es gibt keinen Überfluss,
die Uhr schlägt den Stundenklang.
Irgendwann schwang
das Pendel um
zum Count Down.
Begonnen
hat weitere Zeit -
Ewigkeit.

Geschenkte Stunde

Eine geschenkte Stunde.
Flügel der Fantasie
schwingen lichthelle Runde.

Schwer wie Blei bleibt zurück
die Last, das ewige "muss" -
eine Stunde voll Glück.

Ich

Ich setze mich wie ein Puzzle wieder zusammen-
Stück für Stück, denn ich war verloren gegangen.
Ich hole das Lächeln vergangener Zeiten zurück.

Ich vergesse nicht mehr das Heute über dem Morgen.
Die Augen sind wieder offen für alles um mich.
Heute bin ich in mir – und ich bin wieder ich.

Worte und Gedanken

I
Worte, die fliegen,
Worte, die sinken,
Wellen schlagen,
im Strom ertrinken.
Worte wie Stein.
Doch dann Worte
die aufwärts tragen,
die Hoffnung geben,
Worte, die leben
und siegen.

II
Plötzlich, gigantisch,
nebelhaft wachsend
türmt es sich, bläht sich
drohend das Wort.
Nicht mehr zu halten,
um es zu gestalten
fliegt es entfesselt und
Frost bringend fort.

III
Wie viele neue Gedanken können wir denken?
Wie viele Dinge haben schon andre gedacht?
Wie oft sind wir, in alte Träume gefangen,
mit nicht Vergessenem traurig wieder erwacht?

Könnte ich den Mantel der alten Dinge
von mir werfen, um vom Ballast befreit
neu, kreativ, erfolgreich gestalten zu lernen,
könnt ich mir schaffen meine eigenen Zeit!

Könnte ich mich ganz in die Waagschale werfen,
um Meister der Kunst des Vergessens zu sein!
Wünsche, Gedanken fliegen, zerstreuen
sich, weil uns Unendliches endlich erscheint.

IV
Nur meine eignen vertrauten Gedanken kann ich
verstehen.
Ihr redet, erschafft eure Welt, das vermag ich zu sehen.
Die Worte fallen, gleich Babylons Turm, um mich her.
Du erzählst mir dein Sein, doch fremde Töne verwehen.
Wiegen Worte so leicht? Wiegt nur das Schweigen so
schwer?

V
Einer schweigt und schaut,
während die Landschaft vorüber fliegt.
Hinweise, Schilder, Kreuzungen,
einer schweigt und schaut.

Einer schweigt und schaut
auf die Büsche und Bäume,
auf die Blumen am Straßenrand.
Einer schweigt und schaut.

Einer sieht Margeriten,
die einst auf der Wiese
wuchsen beim Elternhaus.
Einer schweigt und schaut.

Einer schaut auf die Wolken,
die Schlösser bilden, Pflanzen und Geister.
Er schaut auf Häuser und Städte.
Einer schaut, schweigt und schweigt.

Das Unbekannte

I

Schwarz wächst mein Schatten
- ich kann ihn nicht halten -
länger und länger.
Ich habe Angst, dass Ihr,
die nicht seht,
darüber geht, geht und geht.

II

Zwei Spatzen fliegen über das Feld,
schneller und immer schneller.
Unter den Flügeln glänzt die Welt
heller und immer heller.
Über mir, um mich dreht sich die Welt,
ich reiße die Arme empor.
Zwei Spatzen fliegen über das Feld,
schneller als je zuvor.

III

Plötzlich wächst die Vergangenheit
ins Grenzenlose, ins Uferlose.
Ich werfe mich gegen die Dunkelheit.

Stumme Wort, verpasste Taten
rütteln mich, blähen sich auf,
ein Abgrund quälender Fragen.

Wachsender Zorn verschließt mich.
Vergebliches Gestern und Jetzt.
Soll ich mit dem Tageslicht lächeln?

IV
Ich dachte mich groß.
Da kam einer herein,
der nahm Dich mit
und ließ mich allein -
einsam,
und ohne Dich klein.

V
Ein Boot fuhr hinaus,
hörte ich sagen.
Das Ziel der Reise blieb unbenannt.

Die Träume erwachen,
in goldener Sonne
erdenke ich mir ein anderes Land.

Wasser und Wolken.
Wie festgewachsen
steh ich noch immer am felsigen Strand.

Wir werden vergehen.
Und nichts wir bleiben.
Nein, sagt das Herz. Ja, der Verstand.

Alter

I
Ich dachte, wenn die Zeit vorhanden ist
im Alter, kann ich all die Dinge tun,
die ich im Alltagsstress so lang vermisst.
Doch mit den Jahren wuchs der Wunsch
mich einfach auszuruhn.

Magie der Schönheit liegt im Großen, doch
der Blick verweilt vermehrt bei kleinen Dingen.
Der Aufbruch will so recht nicht mehr gelingen.
Was werd ich alles tun, dacht ich in jungen Jahren.
Dass ich jetzt müde bin, musst ich erfahren.

II
Wer wandert, ist an vielen Plätzen zu Haus.
Irgendwann schlafen und ruhen,
meine Müdigkeit breitet sich aus.

Das Bündel der Wünsche ist abgestellt.
Irgendwann war es zu schwer
Auf den verschlungenen Wegen der Welt.

Gefühle wurden verpackt, Schritte hallen, allein.
Der Weg. Weggefährten. Und irgendein
Ziel, kommen wir jemals an, irgendwann?

Bewahren

Wirbelndes Treiben,
Hände suchen Halt.
Einfach nur bleiben.

Fest umfassen,
das Glück nicht lassen,
nicht, was mich freut.

Sehen, bewahren
auch noch nach Jahren
das Lächeln, das Licht.

Kurkonzert

Erst werden die Saiten gestimmt.
Dann heben sich langsam die Töne,
einzeln, vereint, Melodie.

Streichen, zupfen und schlagen,
Note um Note tönt auf,
verwoben zur Symphonie.

Hier ein Gedanke und dort,
langsam wird es ein Traum.
Die Töne tragen uns fort.

Vernissage

Eine Vernissage ist heute angesagt.
Kunstverstand von Gästen ist gefragt,
die ihn auch sofort vernehmlich zeigen
und sich sachverständig über Werke neigen.

Hochmodern ist mancher ausstaffiert,
der als Kunstwerk selbst herumstolziert.
Doch wer kann inmitten dieser Menge
noch den Künstler sehn in dem Gedränge?

Doch was soll`s? Ein Gläschen ihm zu Ehren,
kann man immer aus gegeb`nem Anlass leeren.
Und hat er nicht schließlich mit Bedacht
das geschaffen, was uns heute Freude macht?

Computer

Plötzlich ein Schwanken, kein Bild mehr und kein
Zugang zum Netz. Nun bin ich verloren.
So geht es doch nicht. Das kann doch nicht sein.
Ohne Computer, was soll ich jetzt schaffen?
Mein kreatives Denken erlischt.
Ohne Technik bin ich allein.
Ich kann es nicht fassen, starte aufs Neue,
teste Systeme und Tasten - doch nein.
Ich will doch voran. Ich will es wenden,
surfen und meine Mails endlich senden.
Die Technik hat Macht. Meine Macht ist nur Schein.

Der Aprilfisch

Wenn ein Fisch im Schwimmbecken wäre,
hätten ihn viele Leute gesehen.
Und es könnte wahrlich geschehen,
dass sie ihn unterschiedlich beschreiben:
Leuchtend, gestreift, einfarbig und bunt,
länglich, platt, aufgeblasen und rund,
eben noch da, auf einmal verschwunden.
Eines kann ich sicher bekunden
für den, der diesen Fisch fangen will:
Er schwimmt nur heute, am 1. April.

Harz

I
Rabenklippen

Es waren einmal schwarze Raben.
Sie stürzten hinab ins Tal
Geheimnis umwoben, geschwind,
bei Nacht, in Kälte und Wind
Im Rauschen der alten Bäume.

Wolken ziehen. Die Luft scheint leer.
Im dämmernden Morgen kein Flügelschlag mehr.
Am Abgrund noch Nebel um Tannen.
Die Raben - sie flogen dannen.
Im heller werdenden Tageslicht.
verblassen Märchen und Träume.

II
Wenn ich eine Hexe wäre,
unsichtbar im Felsenhaus,
trieb` ich Schabernack   und flöge
gern einmal zum Tanzen aus.

Unsichtbar in Nebelschwaden
könnte ich den Wald erwecken,
und im Blätterrauschen würden
Fabelwesen sich verstecken.

Um den Brocken würd` ich kreisen,
Zauber würde Wirklichkeit.
aus den Blättern klänge Lachen,
märchenhaft wie Hexenzeit.

III
Wenn Regen fällt, wenn ein Rauschen die Luft erfüllt,
Wenn Blätter und Zweige tropfen, wenn teils verhüllt
durch den Regen, der stetig auf Nadeln und Blätter fällt,
der Blick die Berge jenseits des Tales umfängt, die Welt
das Blühen, Entstehen, Schönheit, Vergehen vereint,
könnte es sein, dass plötzlich ein Wesen erscheint,
das zwergenhaft, nebelhaft auf nassem Grunde dort steht,
wo der Weg hinab in die Tiefe des Harzes geht.
Wenn der Regen fällt, wenn er Zauber und Märchen
umfasst,
ist der Wandrer von heute im Reiche von gestern zu Gast.

Bad Harzburg

I
Sonntagmorgen. Wandelhalle.
Trio Rondo. Harmonie.
Leute kommen, gehen, lauschen.
Hören Melodien, die
schwellen, steigen und verklingen.
Ruhe. Doch der Blick, er wandert
während Instrumente singen
Still hinaus. Kastanienbäume.
Früchte reifen. Wind und Träume.

II
Dort, wo die Radau zu Tale fließt,
ist es schattig und kühl.
Dort, wo sie über die Steine springt,
wo der Wassergeister Gewühl
von alten Zeiten unsichtbar singt,
wo das Wasser rauschend ins Tal
stürzt, klingt es: "Es war einmal".

III
Blumenrabatten und Märkte und Wasser,
Geschäfte und Menschen, Brunnen und Licht.
Feste und Kunst und Essen und Ruhe,
wandern und manch bekanntes Gesicht.
Märkte, Antikes, Cafés und Treiben,
Casino und Kurhaus. Sonntäglicher Klang
von Glocken, die läuten. Berge und Bäume,
Wasserfall, Parks und Luchse am Hang.
Holzhäuser, Burg und Palmen im Sommer,
Weg in der Höhe, wo niemand mehr naht.
Schneeberge im Winter. Am Fuße des Harzes
die Stadt. Und hinunter geht nun mein Pfad.

Salachsee

I
Die warme Hauswand im Rücken sitzen
wir schweigend und blicken hinab auf den See.
Tief tauchen als Spiegel die Bergesspitzen
ins Wasser, das hell in der Sonne blinkt,
das silbern leuchtet, glänzt, aufblinkt, eh
die Sonne hinter den Bergen versinkt.

Dunkelheit senkt sich langsam hernieder.
In sommerwarmen, gemeinsamen Tagen
schweigt Dämmerung. Aber hin und wieder
kräuseln Fische das Wasser im Sprung.
Gedanken, die wir in uns getragen,
steigen herauf - jetzt Erinnerung.

II
Tanzende Strahlen, tiefgrünes Wasser,
Leuchten und Wärme, funkelndes Licht.
Ringsherum Berge, Schnee in der Höhe,
spiegelnde Glätte, fönklare Sicht.

Felsige Gipfel, wandernde Sonne,
Sekunden später, nachdem sie versinkt:
Kälte und Nebel. Wachsender Schatten,
der uns das Ende des Sonnentags bringt.

III
Der Stammtisch ist besetzt.
Lokales wird diskutiert,
Handwerk und Politik.
Lebhaft erheben sich Stimmen.

Betroffenheit, Zorn und Spaß,
alles hat seine Zeit.
Schweigen am Ufer des Sees,
Tiefe, das Heute wird weit.

Salzburg

Meine Gedanken sind müde,
ich höre von Schmerz und Leid,
nicht nur früher, auch heute
trägt mancher schwer an der Zeit.
Hoch auf dem Turme der Salzburg,
oben auf hoher Wehr,
Schau ich hinab in das Tal,
schneebedeckt Berge umher.
Domglocken läuten dunkel,
schweigen, dann heller Klang
anderer Kirchen tief unten.
Ich schaue den Fluss entlang,
die prächtige Stadt, große Bauten.
Abendlicht hüllt mich ein.
Ich genieße es in der Höhe,
dort auf den Zinnen zu sein.
Und fühle, viel Zeit ist vergangen,
ich lege mich in sie hinein.
Das Glück ist sparsam geworden.
Für mich ist längst nicht mehr Mai.
Doch auf der Burg heute Abend
flog spürbar ein Engel vorbei.

Kalifornien

I
Ein Lächeln, ein Strand, ein fröhlicher Morgen
und wehendes Haar im Meereswind.
Jenseits des Ozeans war ich voll Sorgen,
wie Landschaft, Menschen und Leben dort sind.

Ich wollte ins Land der Sonne dir folgen,
und ich weiß noch die Sehnsucht, die ich empfand.
Ich wollte mit dir in die Zukunft laufen,
Hand in Hand am sandigen Strand.

In der Lagune spiegeln sich Lichter,
Eukalyptusduft in der Luft um uns her.
Lächeln verzaubert viele Gesichter.
Morgenlicht, Sonne, Berge und Meer.

Du hast dir die Freiheit der Weite genommen,
die Wärme der Sonne, den Strand und das Licht.
Ich bin erst viel später dort angekommen,
fand drohende Wellen und schäumende Gischt.

II
An einem   lächelnden Morgen
der Bläue des Himmels entgegen
singend
die Küstenstraße entlang zu gleiten,
das Meer, die Küste, den Strand zu Füßen:
dieses Gefühl, das uns trägt
ist Freiheit.

Wenduine

I
Sand unter den Füßen,
Schaum gegen den Strand.
Am Horizont Segel,
Möwen an Land.
Wind, Rauschen, Sonne,
blau-grau das Meer,
grün, bleiern, schimmernd,
hier zieht es mich her.

Ständiger Wechsel
von Ebbe und Flut.
Wasser und Weite,
der Wind, der nicht ruht.
Muscheln zu suchen,
Laufen im Wind,
sich wieder zu fühlen
wie früher als Kind.

II
Dunst, Regen, Nässe, grau ist das Heute.
Wellen überspülen den Sand.
Steinerne Buhnen, verborgen im Wasser,
nass, schwer und einsam ist dieser Strand.
Über dem Meere, dunkel sich türmend,
nähert sich eine Wolkenwand.

Böen kommen, Sand treibt, und Regen
fällt wie ein Vorhang, Wind peitscht mit Wut
braun-graue Wellen, düsteres Schweigen,
grollende Kräfte, steigende Flut,
höher, stärker, drohend entfalten
sie ihre Kraft, eh das Meer wieder ruht.

III
Ich sehe, ich fühle, ich höre, ich spüre
und laufe, Weite und Sonne im Sinn.
Ich sehne mich nach dem Land in der Ferne
und möchte doch hier sein, wo ich jetzt bin.

Erinnerung zeigt die Bilder des Sommers,
hält den Augenblick fest, ein Gesicht.
Doch die Kälte des Wassers, sein Rauschen,
den stetigen Wechsel zeigt sie uns nicht.

Gestern die Hoffnung auf ein Erneuern,
der Brandung gleich, der Flut und dem Licht.
Es bleiben Gedanken, die uns nicht tragen,
weil es ihnen an Wärme gebricht.

IV
Das Meer rollt in der Ferne,
Schlick glänzt im letzten Schein.
Vom Meer gerollt, gerundet
ein kleiner, heller Stein.

Die Sonne sinkt, und schimmernd
schlägt Wasser gegen Land.
In meiner Hand die Muschel,
die schönste, die ich fand.

V
Haus an Haus in erster Reihe,
neun Etagen hoch mit Sicht.
Graue Blöcke, schlicht gestaltet,
und man ahnt die Aussicht nicht.

Doch wer drinnen steht am Fenster,
ist von der Natur gebannt,
sieht auf Himmel, Wolken Schiffe,
Wellen, Brandung und den Strand.

Schönheit, Sommer, Sonne, Weite.
Und am Fenster sagt ein Schild:
À louer, te huur, denn mieten
kann man dieses Sommerbild.

VI
Die alte Sehnsucht kommt wieder -
schon viele suchten das Meer.
Die Schiffe ziehen vorüber,
wer blickte nicht gern hinterher?

Doch mitten in Gischt und Wogen
auf eisigem Wasser zu sein,
in Wellentäler zu sinken,
in der Weite allein -

inmitten unendlicher Kräfte
zu hoffen, in Unkenntnis wann
das Schiff in sich`ren Gefilden
wieder anlegen kann,

wer diese Gefahren fürchtet,
der wünscht sich am Ufer zu stehn,
die Blicke wohl auf dem Wasser,
um die Schiffe ziehen zu sehn.

VII
Breiter Strand, Dünen,
Ebbe, Flut. Wer
gegen den Wind
gegen den Sand
läuft, sieht hinaus,
denkt Gedanken,
nach und nach
klingen sie aus -
irgendwann
sind keine mehr.

VIII
Es zwitschert, tschilpt und summt jetzt am Strand.
Fest haben Touristen den Tag in der Hand.
Bettenburgen am Meer. Von ihnen verdeckt
das alte Wenduine, dahinter versteckt
Straßenbahn, Läden, kleine Häuser, die Mühle,
Besucher schauen. Vor Cafés viele Stühle:
Gezondheit! Santé! Buntes Treiben am Meer.
Spiel bis zum Abend. Dann wird es leer.
Die Sonne sinkt langsam. Rot leuchtet das Licht.
Das Wasser blinkt auf. Noch sind Segel in Sicht.
Wellen Farbenspiel. Ruhe und Raum.
Ein Ort, zwei Welten, und sie ähneln sich kaum.

Brüssel

Grande Place
Geschichte, Gegenwart, Brüssel,
Grande Place
Musik, Konzert und Theater,
Grande Place
Fremde, Flamen, Wallonen,
Grande Place
Beleuchtung, Feste und Blumen
Grande Place
Museen, Verzierungen, Rathaus,
Grande Place
Meine Erwartung und Freude,
Grande Place

Parc Léopold

Die Stadt vibriert um den Park,
Oase in einer pulsierenden Stadt.
Auf Bänken im Grün ruhen Leute.
Eine Insel im See. Reiher und Enten.
Eine Fontäne sprüht Wasser.
Kinder und Hunde spielen,
die Wiese lädt ein,
Kastanien, Rabatten blühen.
Um mich, in mir ist Ruhe.
Am Hang über mir, ehrwürdig
Solvay, die Bibliothek.
Andere hasten, das Handy am Ohr,
vorbei und eilen zum Parlament.
Der Park Léopold liegt am Fuße
Europas.

Parc de Bruxelles

Gib mir den Frühling, lass mir die Freude,
lass mir das Lachen, und lass mir das Glück.
Stühle im Park, Wein, Sonne und Leute,
das Leben ist nach dem Winter zurück.

Willst Du mit mir einen Tango tanzen?
Frag mich doch einfach, ich komme sofort.
Musik ruft im Park, im Pavillon wiegen
sich Tänzer, die sich drehen und biegen.

Die Fronten der Häuser, teils alt und verwahrlost,
teils hell mit Verzierung in Stein und Metall.
Und dann: Jugendstilornamente auf Türen,
Fenstern und Wänden und überall.

Mein Brüssel ist sicher anders als deines.
Dieselben Wege - doch andere Sicht.
An manchen Tagen möchte ich gehen,
an anderen bleiben - und ich gehe nicht.

Place du Luxembourg

"Travail" und "intelligence" steht geschrieben
auf dem Denkmal von John Cockerill.
Mitten im alten Embiente steht er
auf dem Place Luxembourg, steinern, still.

Mittags lagern zu seinen Füßen
Praktikanten vom Parlament.
Ob von denen, die hier pausieren,
einer den "père des ouvrier" kennt?

Abends kommen sie lächelnd wieder,
gestylt und aufstrebend zeigen sie sich,
lächeln, reden und gestikulieren:
Hier bin ich. Suchen Sie. Finden Sie mich!

Bunte Gemeinsamkeit

Nicht nur Rom ist auf Hügeln erbaut.
Wer vom Place de Justice auf Brüssel schaut
blickt auf's Marollenviertel hinab,
sieht fern das Atomium glänzen, bergab
geht es per Fahrstuhl. Eine Vielzahl an Läden,
Fundort für alle Art Antiquitäten.

Park de Bruxelles: Buntes Treiben. Man hat
hier zu Füßen das alte Zentrum der Stadt.
Der Rathausturm, weiß, hoch, filigran
ragt weithin sichtbar empor, und an
der Seite das Schloss, das Theater nicht weit,
hier treffen sich alte und heutige Zeit.

Park, Bäume, Figuren und Künstler, die.
uns bezaubern mit ihrer Magie.
Musik, Museen, Denkmäler, Statuen,
Das Einst und das Jetzt. Die Stadt wird nicht ruhen
den Weg zu gehen, sei er auch weit,
zu vieler Nationen Gemeinsamkeit.

Place Jeu de Balle

Flohmarkt - auf dem Pflaster liegt Leben.
Wer hat wohl diese Skulptur gegeben?
Wer hatte das alte Bild an der Wand?
Wer hat die Besitzer der Bücher gekannt?

Hier wird verramscht, was voll Liebe erstanden.
Ahnen Sie, was Sie Wertvolles fanden?
Keiner kann wissen, was damit geschah
Auf dem Pflaster liegt Schönes von fern und nah.

Haben Sie nicht schon einmal bedacht,
was man mit Ihren Sachen einst macht?
Vielleicht ist, was Ihnen heut Freude bereitet,
morgen schon auf dem Markt ausgebreitet.

Place Jourdan

Wer erstmals über den Place Jourdan geht,
sieht Autos parken, und er versteht
vielleicht nicht, was hier Besonderes ist:
Bäume stehen an vielen Plätzen.
Auch andernorts weiß man Blumen zu schätzen.
Was ist es, dass diesen Platz anders macht?
Sind es Passanten, die hierher gerieten,
um zu genießen, was Restaurants bieten?
Fassaden, der Brunnen, der Markt, viele Stände,
die man auch andernorts sehenswert fände,
wohl zieht das Ambiente die Leute an,
und dann noch die Friten vom Maison Antoine.

Rue de Pascale

Die Straßen von Etterbeek ändern sich ständig.
In der Rue de Pascale ist noch Altes lebendig,
das von vergangenen Jahren erzählt.
Auch diese Straße war auserwählt,
um sie modern und neu zu gestalten,
dank Widerstand ist sie bis heute erhalten:
Vor einem Haus bunte Tücher, die wehen,
ein Künstler lädt ein, seine Werke zu sehen.
Ein Zahnarzt, ein Anwalt, ein Studio, dazu
die Vertretung von Südtirol bei der EU.
Positano, ein Restaurant, in der Mitte.
Bis zum Serbian Institut nur ein paar Schritte.
Pflanzen ranken an Wänden empor.
Ein Haus à vendre. Ein Schild davor,
ein Eingang versiegelt, Putz blättert, und hier
Häuser mit Gärten, und mittendrin wir:
Diese Straße ist unsere Wahl,
die kurze, alte Rue de Pascale.

Midi

Un Euro la caisse, un Euro la caisse,
die Uhr geht auf zwei am Midi.
Man ruft, handelt, feilscht,
man schaut, drängt und schiebt.
Fünf Euro die Schuhe. Madame, was beliebt?

Hier Kleidung und Werkzeug,
Gewürze und Tees,
von einem Stand erklingen CDs.
Sollen es Obst oder Töpfe heut sein?
Oliven, Fisch, Blumen laden Sie ein
zum Kaufen. Oder suchen Sie Brot?
Parfüms sind heute im Angebot.
Was darf es sein, Schampoo, eine Uhr,
Schmuck, Fleisch oder Nüsse,
venez, schau`n Sie nur.

Man trifft hier auf Asien und Afrika.
Man prüft zum Teil lautstark: Was ist heute da?
Und man ist Teil im vereinten Gewühl.
Ob Sommer, ob Winter, ob heiß oder kühl,
jeden Sonntag ist Markt am Midi.
Das Flair ferner Länder, hier fehlt es nie.
Bonjour, es ist Sonntag.
Es zieht mich dorthin,
wo ich in Trubel und Treiben bin.

Soit Belge

Kristallene Lüster blinken
im königlichen Saal.
In spiegelndem Glanz versinken
wir jährlich ein freudiges Mal.

Historie nimmt uns gefangen.
Die Gegenwart holt uns ein.
Heut sind die Palasttore offen,
doch was wird mit Belgien sein?

Brüssel mit vielen Gesichtern,
voller Lebendigkeit.
Politiker diskutieren,
manch einer ist es längst leid.

Rue du Régent auf der einen,
auf der anderen Seite Wet / Loi.
Zwar kann man Seiten vereinen.
Aber: Soi Belge et tais toi!

Petit Sablon

Auf kunstvollem Zaun künden von früherer Zeit
Vertreter des ehrbaren Handwerk. Vergangenheit
wird lebendig, Wissen, Können, Mut, Kraft,
und was Wissenschaft vor 500 Jahren geschafft.
Petit Sablon. Nicht nur ein Park: Inmitten
ein Monument aus Stein für die, die gestritten
gegen das fremde, spanische Heer
für ihren Glauben in siegreicher Wehr:
Comptes Egmont und Hoornes. Zu Füßen der Teich,
das Wasser ständig im Fluss - Entstehen, Vergehen.
Die Bäume blühen. Aufbruch, fernes Geschehen
in den Blicken von heute, Gedanken wehen.
Schon auf dem Grand Sablon ist diese Historie weit.

Fahrradkatze

Kunst im öffentlichen Raum.
Fahrradkatze lächelt. Kaum
einer, der vorübergeht:
"Guck mal, was hier steht."

Sie bleibt niemals lang allein.
Stets will jemand bei ihr sein
auf dem Rad. Verwegen schwebt
man, den Arm um sie gelegt.

Vor ihr, hinter ihr, daneben
mit ihr bestens sich zu geben
stellt man sich in Positur.
Madame Katze lächelt nur.

Sehen und schon zu ihr rennen.
Wer kann das Geheimnis nennen.
Mach ein Bild! Gelungen? Ja.
Auch ich war schon einmal da.

Café Arenberg

Freitagabend, die Woche klingt aus.
Die Innenstadt füllt sich mit Leben.
Ein Strom von Leuten, der langsam fließt.
Touristen, die promenieren,
hier und dort etwas probieren
im besten Ambiente mit Art Nouveau.
Wir aber gehen vorbei.
Die kleine Kneipe von nebenan
hat es uns angetan.
Winken, willkommen. Man sitzt und genießt
in Gruppen, allein, liest, raucht oder lacht,
ist in Gesellschaft, eh man`s gedacht.
Enge, Gedränge, Musik, Stille, dann
Vielzahl von Stimmen. Der Lärm schwillt an.
Man trinkt und redet, tanzt und ist froh.
Das Café Arenberg ist einfach so.

Wandbilder

Andere Menschen, andere Sprachen,
anderes Flair und anderes Sein.
Straßenzüge, Läden, doch plötzlich
lädt ein Bild zum Verweilen ein:

Tintin steigt von der Feuerleiter,
auf der Plattform treu Hund Milou.
Auf der Häuserwand etwas weiter
Sieht man Leuten beim Trinken zu:

In der Brass`rie Taverne genießt man
Geuze, Kriek, Mort Subite, was man kriegt,
während vor einer Häuserkulisse
eine Bahn um die Ecke biegt.

Eine andere Szene, wo Petrus
seine Blumen gießt, zum Verdruss
eines Teufels, der dort im Tröpfeln
seinen Bratenspieß drehen muss.

Hier, vor einer stattlichen Türe,
parkt ein Oldtimer, und ein Paar
zögert erschreckt - trotz großer Laternen
sehen wir nicht, was Bedrohliches war.

Schräg gegenüber bei helllichtem Tage
kommen zwei Jungen im Gleichschritt heran.
Auch vor den prächtigen Giebeln, die schwanken,
halten die jungen Leute nicht an.

Alles scheint zu verschwimmen. Es fliegen
Möwen unten und überall
über die Straßen, so blau wie Wasser,
und in stetig wachsender Zahl.

Szenen und Bilder mit lächelnder Hand
an die Wände von Häusern gebannt.
On se débrouille im Alltagsgeschehen.
Fremde kommen, staunen und stehen.

Ein Land, das man liebt

Guten Tag, Touristen, hereinspaziert.
Hier werden Sie wahrlich verführt.
Hier locken die schönsten Variationen
und Kreationen, die hochgradig lohnen,
frisch, lecker und rundherum ein Genuss,
Chocolat, die probiert werden muss.

Kommen Sie, nur hereinspaziert,
hier werden Sie wahrlich verführt.
Trappistenbiere und andere Sorten.
Die Vielfalt erhältlich an zahlreichen Orten.
Hier schenkt man, könnte es anders sein,
aus formvollendeten Gläsern ein.

Kommen Sie, wenn der Hunger sich rührt,
hier werden Sie wahrlich verführt:
Waffeln mit Eis, Schokolade und pur.
Muscheln mit Friten. Wählen Sie nur.
Ob Stand, Restaurant - was wir wohl täten
ohne die belgischen Spezialitäten?

Kommen Sie, nur hereinspaziert,
hier werden Sie wahrlich verführt.
Was könnte kunstvoller sein als Spitzen,
die an Blusen und Accessoires sitzen?
Schenken Sie alter Handwerkskunst,
den Werken des Klöppelns die werte Gunst!

Kommen Sie, immer herein, herein,
wo kann es noch schöner wohl sein?
Art Nouveau schaut aus jedem Detail uns an,
Türen, Fenster, Geschirr, Möbel, man kann
an gelungener Einheit sich rundum erfreuen.
Sie werden Ihren Besuch nicht bereuen.

Kommen Sie hierher in dieses Land,
Wälder, Berge, Städte und Strand.
Widerspruch, Vielfalt und Toleranz.
Verstehen Sie dieses Land auch nicht ganz -
Laissez-faire, Freundlichkeit, die uns umgibt,
leise Töne, ein Land, das man liebt.